As letrinhas fazem a festa

Linguagem e Sociedade

Celme Farias Medeiros

Educação Infantil

2

Dados Internacionais de Catalogação na Publicação (CIP)
(Câmara Brasileira do Livro, SP, Brasil)

Medeiros, Celme Farias
  As letrinhas fazem a festa : linguagem e sociedade : educação infantil, 2 / Celme Farias Medeiros. – 3. ed. – São Paulo : Editora do Brasil, 2017.

  ISBN: 978-85-10-06576-4 (aluno)
  ISBN: 978-85-10-06577-1 (mestre)

  1. Sociedade (Educação infantil) 2. Português (Educação infantil) I. Título.

17-04991   CDD-372.21

Índices para catálogo sistemático:
1. Sociedade : Educação infantil 372.21
2. Português : Educação infantil 372.21

© Editora do Brasil S.A., 2017
Todos os direitos reservados

Direção-geral: Vicente Tortamano Avanso
Direção adjunta: Maria Lucia Kerr Cavalcante de Queiroz

Direção editorial: Cibele Mendes Curto Santos
Gerência editorial: Felipe Ramos Poletti
Supervisão editorial: Erika Caldin
Supervisão de arte, editoração e produção digital: Adelaide Carolina Cerutti
Supervisão de direitos autorais: Marilisa Bertolone Mendes
Supervisão de controle de processos editoriais: Marta Dias Portero
Supervisão de revisão: Dora Helena Feres
Consultoria de iconografia: Tempo Composto Col. de Dados Ltda.

Coordenação editorial: Carla Felix Lopes
Consultoria técnica: Vanessa Mendes Carrera
Edição: Monika Kratzer
Assistência editorial: Juliana Pavoni
Auxílio editorial: Beatriz Villanueva
Coordenação de revisão: Otacilio Palareti
Copidesque: Giselia Costa e Ricardo Liberal
Revisão: Ana Carla Ximenes, Andreia Andrade, Elaine Fares e Maria Alice Gonçalves
Coordenação de iconografia: Léo Burgos
Pesquisa iconográfica: Cris Gameiro e Léo Burgos
Coordenação de arte: Maria Aparecida Alves
Assistência de arte: Samira de Souza
Design gráfico e capa: Regiane Santana
Imagem de capa: Juliana Basile Dias
Ilustrações: Alexandre Rampazo (separadores), André Aguiar, Bruna Ishihara, Camila de Godoy, DAE (Departamento de arte e editoração), Danillo Souza, Edson Farias, Eduardo Belmiro, Eduardo Souza, Hélio Senatore, Imaginario Studio, Janete Trindade, Maíra Nakazaki e Silvana Rando
Coordenação de editoração eletrônica: Abdonildo José de Lima Santos
Editoração eletrônica: Armando F. Tomiyoshi e Talita Lima
Licenciamentos de textos: Cinthya Utiyama, Jennifer Xavier, Paula Harue Tozaki e Renata Garbellini
Controle de processos editoriais: Bruna Alves, Carlos Nunes, Gabriella Mesquita e Rafael Machado

3ª edição / 7ª impressão, 2024
Impresso na Forma Certa Gráfica Digital

Avenida das Nações Unidas, 12901
Torre Oeste, 20º andar
São Paulo, SP – CEP: 04578-910
Fone: +55 11 3226-0211
www.editoradobrasil.com.br

Sumário

Linguagem 5

Sociedade 111

Linguagem

Sumário

Coordenação visomotora 7
Vogais 13
Encontros vocálicos 21
Consoantes e famílias silábicas .. 23
    Letra b - B 24
    Letra c - C 28
    Letra d - D 33
    Letra f - F 36
    Letra g - G 39
    Letra h - H 43
    Revisão 46
    Letra j - J 47
    Letra k - K 51
    Letra l - L 53
    Letra m - M 56
    Letra n - N 59
    Letra p - P 62
    Revisão 65
    Letra q - Q 66
    Letra r - R 68
    Letra s - S 72
    Letra t - T 77
    Letra v - V 81
    Letra w - W 85
    Letra x - X 86
    Letra y - Y 91
    Letra z - Z 92
    Revisão 95
Alfabeto 96
Leitura 103

Coordenação visomotora

▸ Cubra com cor diferente o caminho do voo de cada passarinho. Depois, pinte os passarinhos.

🔖 **Cubra os tracejados e continue contornando os botões sem encostar neles.**

Leve cada animal a seu par cobrindo o tracejado.

🚩 Ligue os pontos e descubra a figura de um animalzinho. Depois, pinte-o.

🚩 Que animal você descobriu? Responda oralmente.

Pinte com a mesma cor as frutas iguais.

🔖 Desenhe o outro lado do robô para completá-lo. Depois, pinte-o.

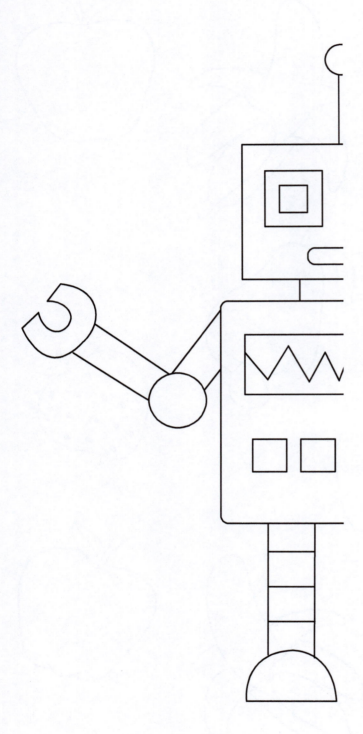

Vogais

🚩 Recorde a vogal a e A cobrindo o tracejado.

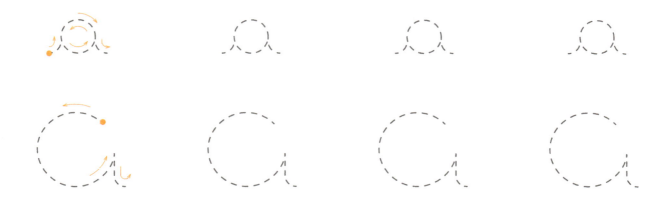

🚩 Observe e desenhe outra figura cujo nome comece com a letra a.

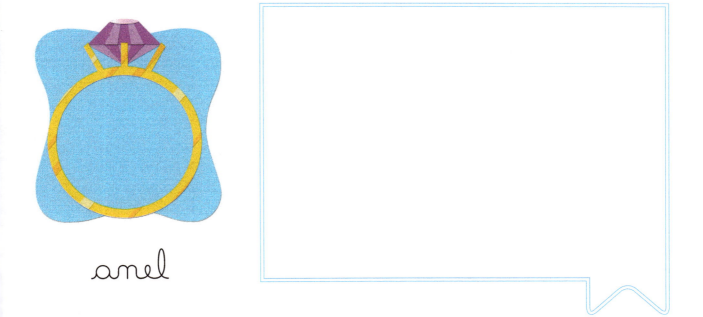

anel

🔖 Recorde a vogal e e E cobrindo o tracejado.

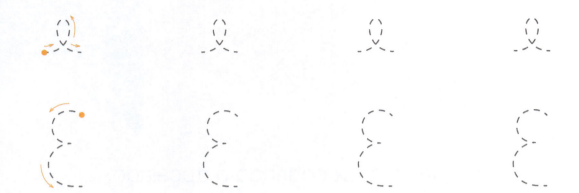

🔖 Observe e desenhe outra figura cujo nome comece com a letra e.

elefante

🔖 Cubra os tracejados e continue escrevendo as vogais.

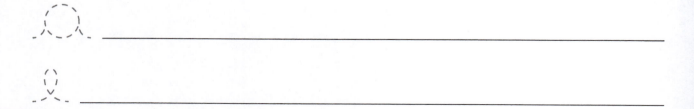

🚩 Recorde a vogal i e J cobrindo o tracejado.

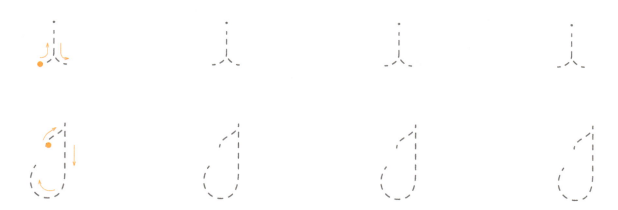

🚩 Observe e desenhe outra figura cujo nome comece com a letra i.

igreja

🚩 Cubra os tracejados e continue escrevendo as vogais.

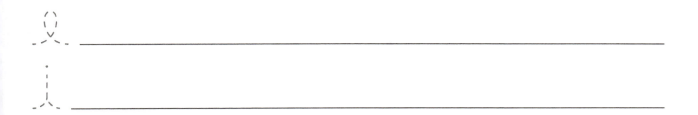

🔖 Recorde a vogal o e O cobrindo o tracejado.

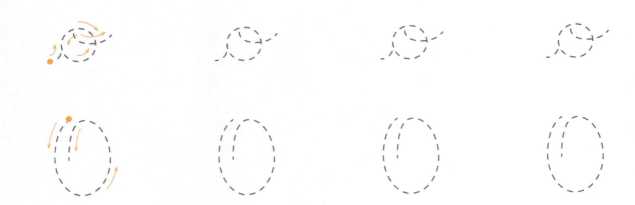

🔖 Observe e desenhe outra figura cujo nome comece com a letra o.

orelha

🔖 Cubra os tracejados e continue escrevendo as vogais.

🚩 Recorde a vogal u e U cobrindo o tracejado.

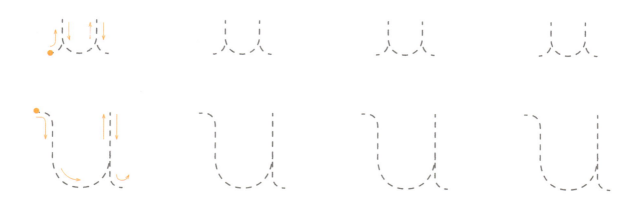

🚩 Observe e desenhe outra figura cujo nome comece com a letra u.

uvas

🚩 Cubra os tracejados e continue escrevendo as vogais.

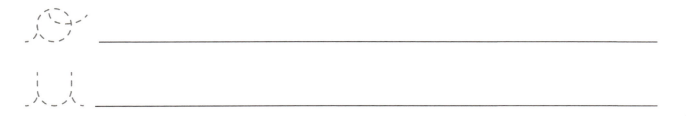

■ Pinte cada figura considerando a letra inicial do nome dela e a cor indicada na legenda.

🔖 Cante a música com os colegas e o professor.

Para escrever eu preciso
Cinco vogais aprender.
A letra *a* é a primeira,
Bem bonitinha e faceira.

Com *e*, escrevo **pé** e **José**.
Com *i*, escrevo **sim** e **sinal**.
Com *o*, escrevo **bolo** e **boné**.
Com *u*, escrevo **céu** e **baú**.

Melodia para cantar: **Samba-lelê**.

🔖 Cubra as vogais e copie-as.

🔖 **Complete as palavras com a, e, i, o ou u.**

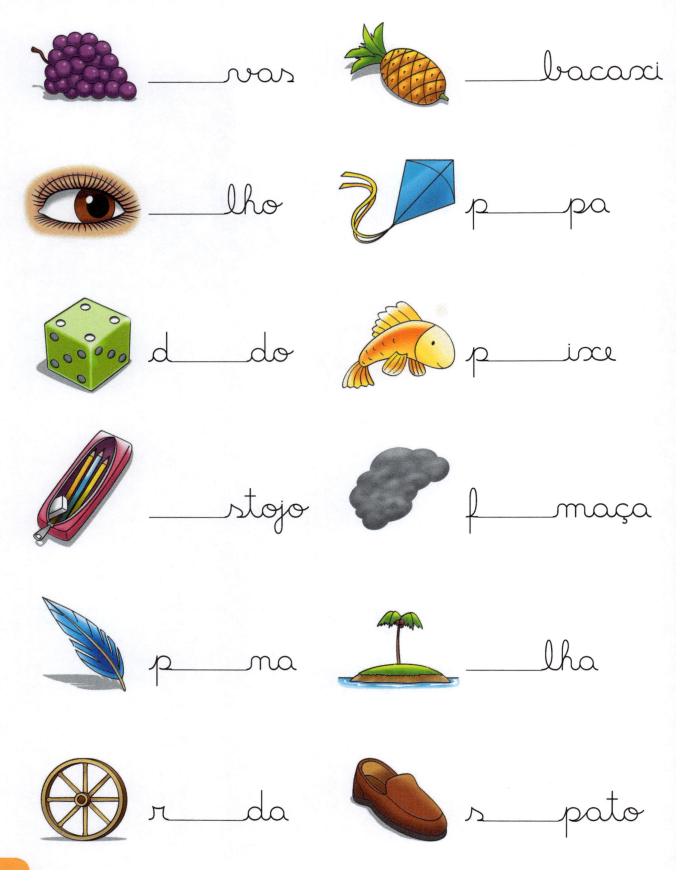

u_vas   a_bacaxi

o_lho   p_i_pa

d_a_do   p_e_ixe

e_stojo   f_u_maça

p_e_na   i_lha

r_o_da   s_a_pato

Encontros vocálicos

🚩 Junte as vogais e escreva as palavras que se formaram. Depois, leia-as.

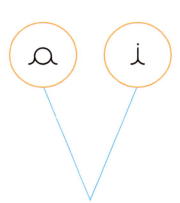
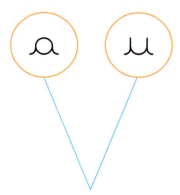
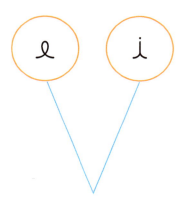

_____   _____   _____

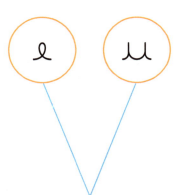
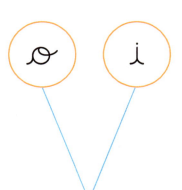
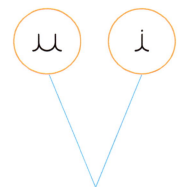

_____   _____   _____

🔖 Ligue a palavra à cena correspondente a ela.

Eu!

Oi!

Cui!

Consoantes e famílias silábicas

🚩 Pinte a cena usando lápis de cor.

🚩 O que a criança está fazendo? Converse com os colegas e o professor.

Letra b - B

🔖 Cubra as letras tracejadas.

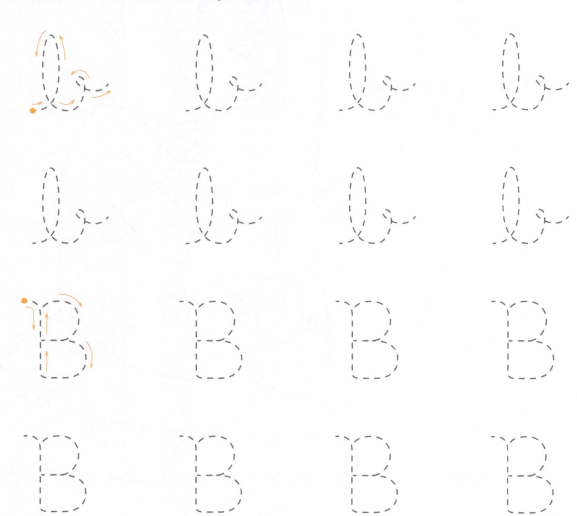

🔖 Observe a junção das letras, cubra as sílabas formadas e copie-as.

b + a = ba _____

b + e = be _____

b + i = bi _____

b + o = bo _____

b + u = bu _____

🔖 Agora, cubra o tracejado e copie em seguida as sílabas formadas.

Ba Be Bi Bo Bu

🔖 Circule apenas as palavras que têm a letra *b*.

cabana   cabelo   bolsa

peixe   bico   buraco

🔖 Complete o nome das figuras com *ba*, *be*, *bi*, *bo* ou *bu*.

____neca   ____lão   ____cicleta

____zina   ____lo   ____terraba

Pinte apenas as figuras cujo nome começa com a letra b.

Letra c - C

▌ Cubra as letras tracejadas.

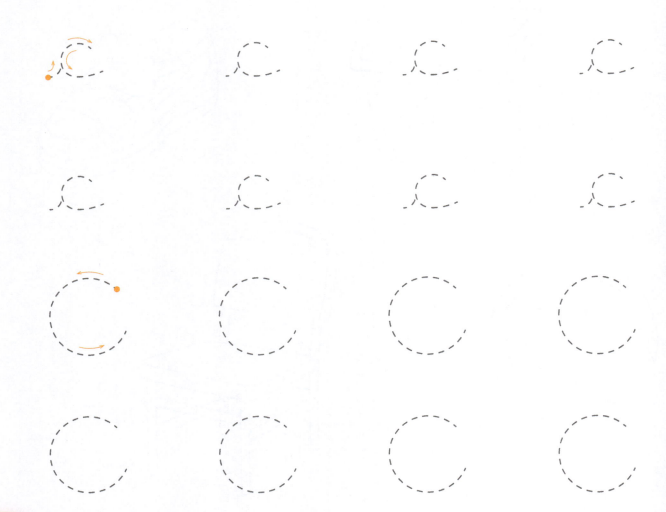

🚩 Observe a junção das letras, cubra as sílabas formadas e copie-as.

c + a = ca _____

c + o = co _____

c + u = cu _____

🚩 Agora, cubra o tracejado e copie em seguida as sílabas formadas.

_____

🚩 Ligue a figura ao nome correspondente a ela.

bolsa

cavalo

bota

29

🚩 Observe a junção das letras, cubra as sílabas formadas e copie-as.

c + e = ce _____

c + i = ci _____

🚩 Agora, cubra o tracejado e copie em seguida as sílabas formadas.

Ce   Ci

_____

🚩 Pinte os quadros com palavras que começam com ce ou ci.

cinema	sino	cebola
cela	cipó	carro
Caio	Celina	Cibele

🔖 Circule as sílabas ca, co, cu e as sílabas ce, ci no nome dos personagens do folclore brasileiro. Depois, recorte a figura de cada um deles e cole-a no quadro correto.

Curupira	Saci	Cuca

31

Letra d - D

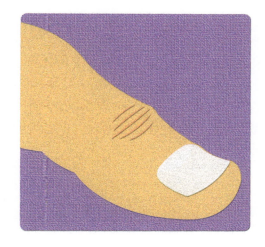

d D

🔖 Cubra as letras tracejadas.

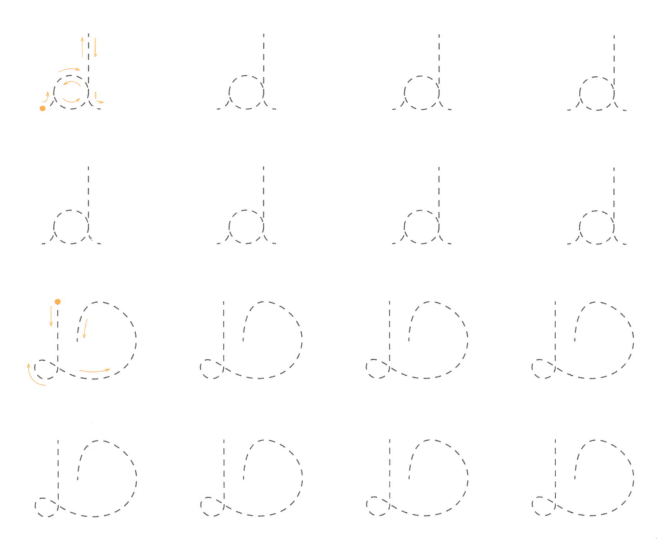

🔖 Observe a junção das letras, cubra as sílabas formadas e copie-as.

d + a = da _____

d + e = de _____

d + i = di _____

d + o = do _____

d + u = du _____

🔖 Agora, cubra o tracejado e copie em seguida as sílabas formadas.

da de di do du

🔖 Complete o nome das figuras com **da**, **de**, **di**, **do** ou **du**.

__do

de__

__ce

bo__

__minó

__a

ro__

ca__ado

__is

Letra f - F

🔖 Cubra as letras tracejadas.

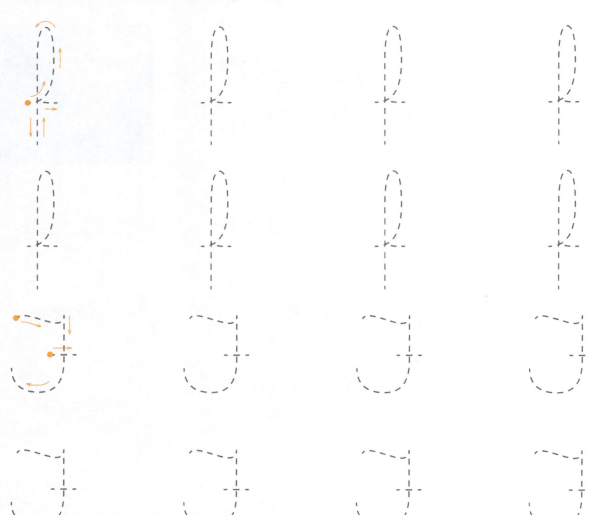

🚩 Observe a junção das letras, cubra as sílabas formadas e copie-as.

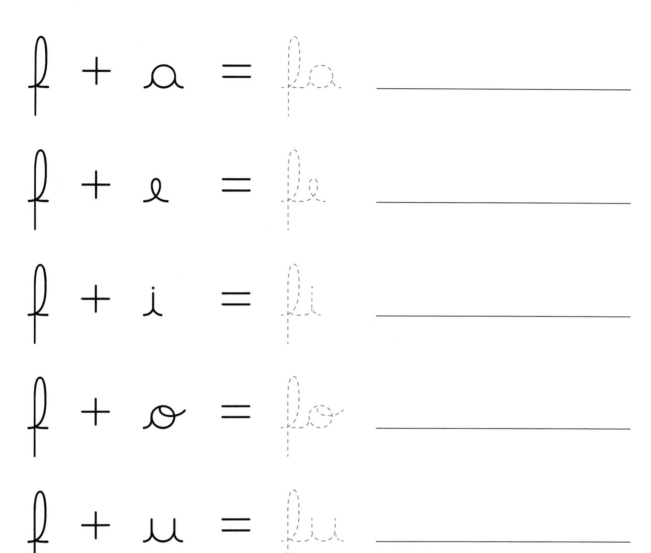

🚩 Agora, cubra o tracejado e copie em seguida as sílabas formadas.

🔖 Copie as palavras com letra cursiva.

faca _____ _____
fita _____ _____
foca _____ _____
fubá _____ _____

🔖 Complete o nome das figuras com as sílabas que faltam.

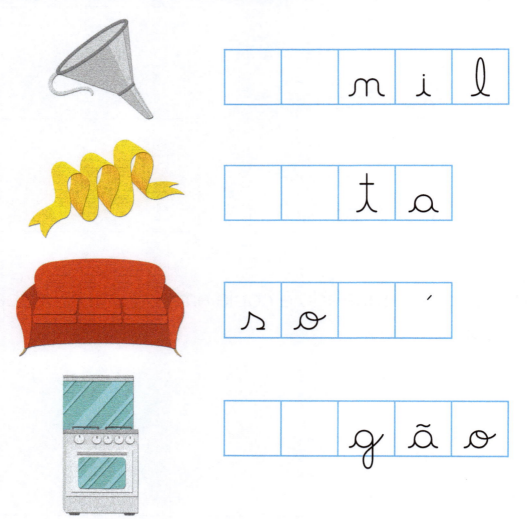

| | | m | i | l |

| | | t | a |

| s | o | | ´ |

| | | g | ã | o |

Letra g - G

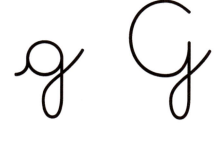

🔖 Cubra as letras tracejadas.

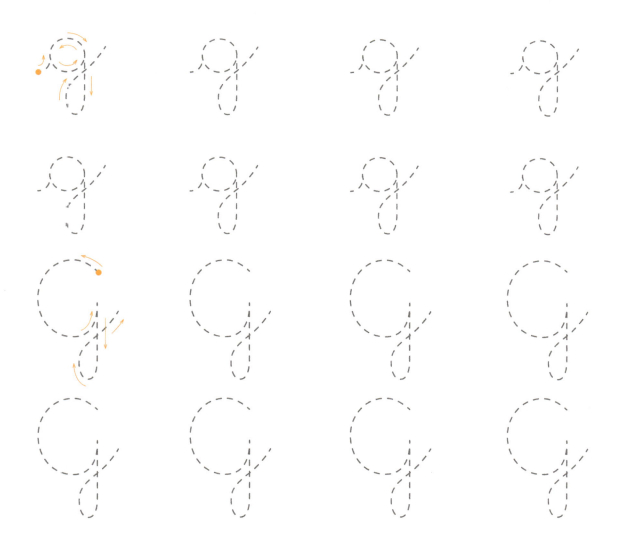

🚩 Observe a junção das letras, cubra as sílabas formadas e copie-as.

g + a = ga _____

g + o = go _____

g + u = gu _____

🚩 Agora, cubra o tracejado e copie em seguida as sílabas formadas.

ga   go   gu

_____

🚩 Pinte as sílabas *ga*, *go* ou *gu* nas palavras a seguir.

🔖 Observe a junção das letras, cubra as sílabas formadas e copie-as.

g + e = ge _____

g + i = gi _____

🔖 Agora, cubra o tracejado e copie em seguida as sílabas formadas.

ge   gi

_____

🔖 Ligue as palavras iguais e circule as sílabas ge e gi.

gelo   girafa

gema   gema

girafa   gibi

gibi   gelo

🔖 Pinte com lápis de cor somente as figuras cujos nomes têm *ga*, *go*, *gu* ou *ge*, *gi*.

Letra h - H

🔖 Cubra as letras tracejadas.

🚩 Observe a junção das letras, cubra as sílabas formadas e copie-as.

h + a = ha _____

h + e = he _____

h + i = hi _____

h + o = ho _____

h + u = hu _____

🚩 Agora, cubra o tracejado e copie em seguida as sílabas formadas.

Ha He Hi Ho Hu

_____

🔖 Ligue as palavras à sílaba correta.

habitante — he

helicóptero — ho

hipopótamo — ha

hotel — hi

humano — hu

Revisão

🔖 Complete o nome das figuras.

Letra j - J

🔖 Cubra as letras tracejadas.

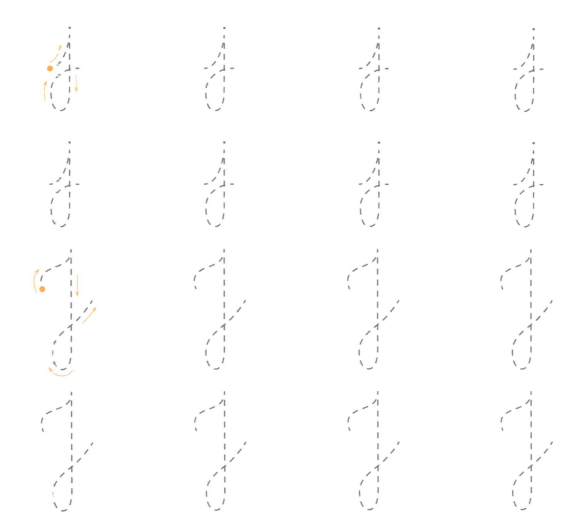

🔖 Observe a junção das letras, cubra as sílabas formadas e copie-as.

j + a = ja _____

j + e = je _____

j + i = ji _____

j + o = jo _____

j + u = ju _____

🔖 Agora, cubra o tracejado e copie em seguida as sílabas formadas.

ja   je   ji   jo   ju

Complete o nome das figuras com *ja*, *je*, *ji*, *jo* ou *ju*.

pi__ma   ti__lo   __go

__nela   __boia   __mento

__ca   ca__   __nipapo

🔖 Forme palavras seguindo as setas e, depois, copie-as.

ji	→	pe	_____
jo	→	vem	_____
ju	→	ba	_____
je	→	gue	_____
ja	→	ca	_____
Jo	→	sé	_____
Ja	→	ci	_____
Ju	→	ca	_____

Letra k - K

🔖 Cubra as letras tracejadas.

🔖 Observe as palavras e circule as letras 𝑘 e 𝐾 sempre que encontrá-las. Depois, pinte somente as figuras em cujo nome elas aparecem.

ketchup   Kombi   kung fu

karaoke   Kevin   vaca

kiwi   luva   Karina

Letra l - L

l L

🔖 Cubra as letras tracejadas.

🔖 Observe a junção das letras, cubra as sílabas formadas e copie-as.

ℓ + a = la _____

ℓ + e = le _____

ℓ + i = li _____

ℓ + o = lo _____

ℓ + u = lu _____

🔖 Agora, cubra o tracejado e copie em seguida as sílabas formadas.

la   le   li   lo   lu

🔖 Circule na cantiga as palavras que têm **la, le, li, lo** ou **lu**.

A barata

A barata diz que tem um sapato de veludo
É mentira da barata, o pé dela é peludo.
Rá, rá, rá, ró, ró, ró, o pé dela é peludo.

A barata diz que tem o cabelo cacheado
É mentira da barata, ela tem coco raspado.
Rá, rá, rá, ró, ró, ró, ela tem coco raspado.

Cantiga.

🔖 Agora, copie nos quadros correspondentes as palavras que você circulou.

la	lo

lu

Letra m - M

🔖 Cubra as letras tracejadas.

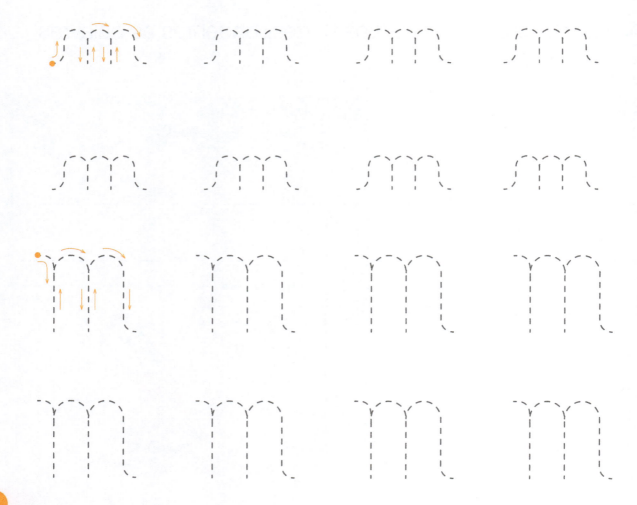

🚩 Observe a junção das letras, cubra as sílabas formadas e copie-as.

m + a = ma _____

m + e = me _____

m + i = mi _____

m + o = mo _____

m + u = mu _____

🚩 Agora, cubra o tracejado e copie em seguida as sílabas formadas.

Ma Me Mi Mo Mu

🔖 Copie as frases substituindo as figuras por palavras.

Maria adora comer 🍓.

_____

A 🎒 é do menino.

_____

Mateus comprou uma 🏍.

_____

🔖 Com a ajuda do professor, complete as frases com uma palavra do quadro.

> macaco - muletas - mel - amigas

O _____ fugiu para a mata.
As abelhas produzem _____.
O menino de perna quebrada usa _____.
Mari e Manu são _____.

Letra m - n

🔖 Cubra as letras tracejadas.

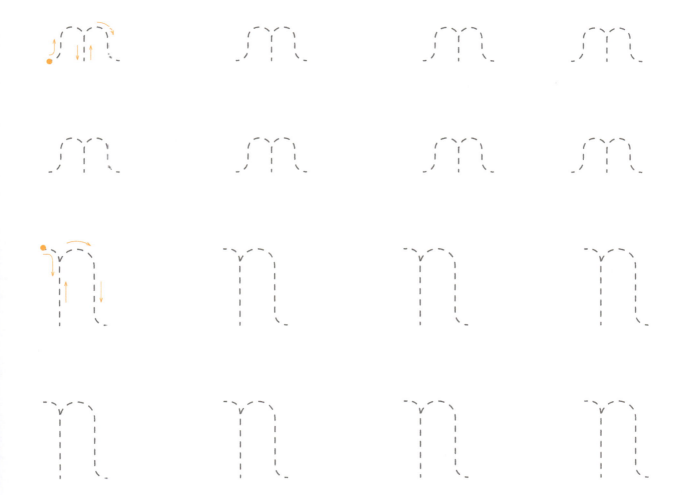

🔖 Observe a junção das letras, cubra as sílabas formadas e copie-as.

m + a = ma _____

m + e = me _____

m + i = mi _____

m + o = mo _____

m + u = mu _____

🔖 Agora, cubra o tracejado e copie em seguida as sílabas formadas.

Na Ne Ni No Nu

60

🔖 Pinte somente os quadros com palavras que começam com ma, me, mi, mo ou mu.

navio	mare	novelo
nuvem	neto	Nicole
sapo	menê	caracol

🔖 Separe as sílabas das palavras.

boné _____

cano _____

nome _____

banana _____

menina _____

canudo _____

Letra p - P

🔖 Cubra as letras tracejadas.

🔖 Observe a junção das letras, cubra as sílabas formadas e copie-as.

p + a = pa _____

p + e = pe _____

p + i = pi _____

p + o = po _____

p + u = pu _____

🔖 Agora, cubra o tracejado e copie em seguida as sílabas formadas.

Ba   Be   Bi   Bo   Bu

🔖 **Complete as frases com as palavras do quadro.**

> pano - pai - pulo
> peteca - pipoca - poço

A pererreca deu um _____.

O _____ está sujo.

Paula e Pietro jogam _____.

Meu _____ é demais!

O _____ está vazio.

A _____ está salgada.

Revisão

🔖 Substitua a ⭐ pela sílaba que falta em cada palavra e, depois, copie-a.

⭐ nho

⭐ ui

⭐ caco

_____   _____   _____

⭐ caré

⭐ pa

⭐ ão

_____   _____   _____

🔖 Pinte a resposta da adivinha a seguir.

O que é, o que é?

Tem dentes
E perde os dentes.
Mas nunca vai ao dentista.

Adivinha.

Letra q - Q

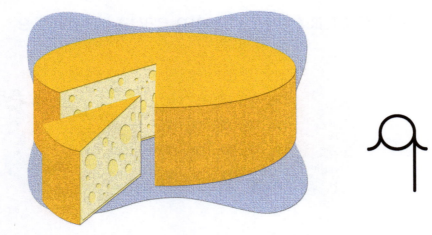

🔖 Cubra as letras tracejadas.

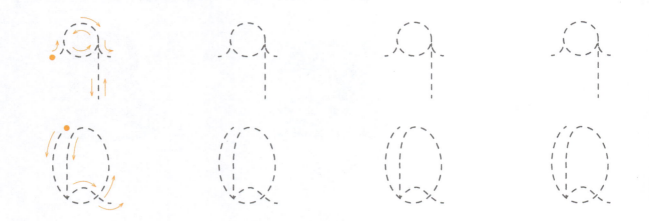

🔖 Ligue as sílabas iguais.

qua   qui

que   quo

qui   qua

quo   que

🔖 Pinte as figuras e complete o nome delas com **q**.

es___uilo   ___ueijo   pan___ueca

___uarto   ma___uiagem   ___uepe

🔖 Pinte os quadros em que aparece a família do **q**.

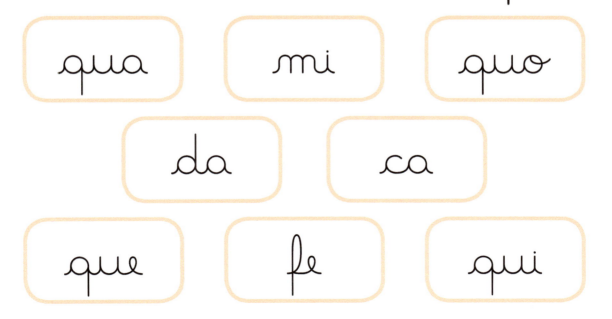

qua	mi	quo
da	ca
que	fe	qui

Letra ᴎ - R

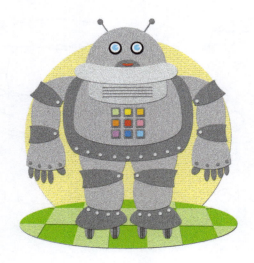

ᴎ R

🔖 Cubra as letras tracejadas.

🔖 Observe a junção das letras, cubra as sílabas formadas e copie-as.

r + a = ra _____

r + e = re _____

r + i = ri _____

r + o = ro _____

r + u = ru _____

🔖 Agora, cubra o tracejado e copie em seguida as sílabas formadas.

Ra   Re   Ri   Ro   Ru

_____

69

🚩 Recorte e cole neste espaço uma figura cujo nome começa com a letra r.

🚩 Junte as sílabas e reescreva as palavras.

ra → bo _____
   → mo _____
   → lador _____

ri → ma _____
   → co _____
   → so _____

Complete o quadro com o nome das figuras, como mostra o modelo.

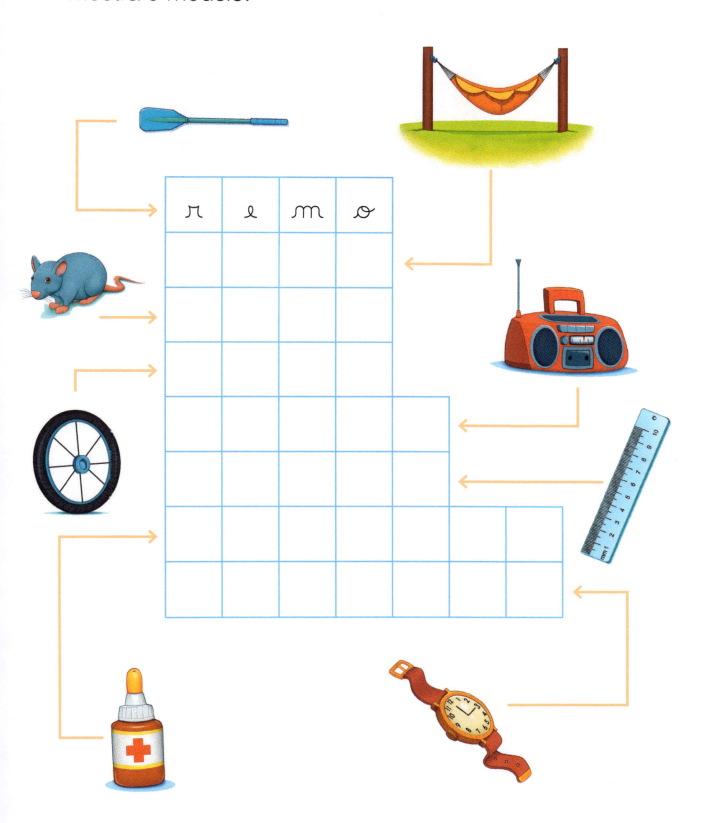

Letra ♪ - ♫

🔖 Cubra as letras tracejadas.

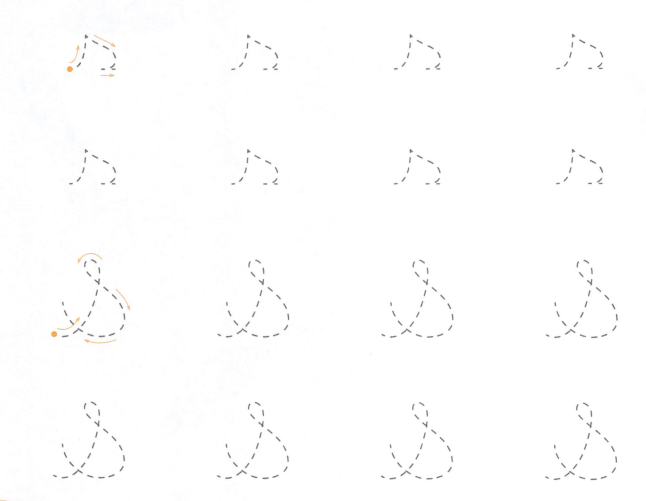

🚩 Observe a junção das letras, cubra as sílabas formadas e copie-as.

𝒃 + a = ba _____

𝒃 + e = be _____

𝒃 + i = bi _____

𝒃 + o = bo _____

𝒃 + u = bu _____

🚩 Agora, cubra o tracejado e copie em seguida as sílabas formadas.

ba be bi bo bu

🔖 Separe as sílabas das palavras a seguir e copie-as.

sino _____   _____

sujo _____   _____

saco _____   _____

sola _____   _____

sela _____   _____

🔖 Faça um desenho para representar as palavras a seguir.

saia	sapo
sofá	sucuri

🚩 Circule a palavra que corresponde à figura e copie-a.

sofá
sono
sala

_____

suco
sandália
saia

_____

salada
sapato
serpente

_____

suco
surpresa
sino

_____

🔖 Ligue as figuras às palavras correspondentes a elas e depois reescreva-as.

Sol   sino   siri

_____   _____   _____

🔖 Complete os espaços com *sa*, *se*, *si*, *so* ou *su* para formar palavras.

___bonete   ___jeira

___pa   ___ta

___po   ___rene

Letra t - J

🚩 Cubra as letras tracejadas.

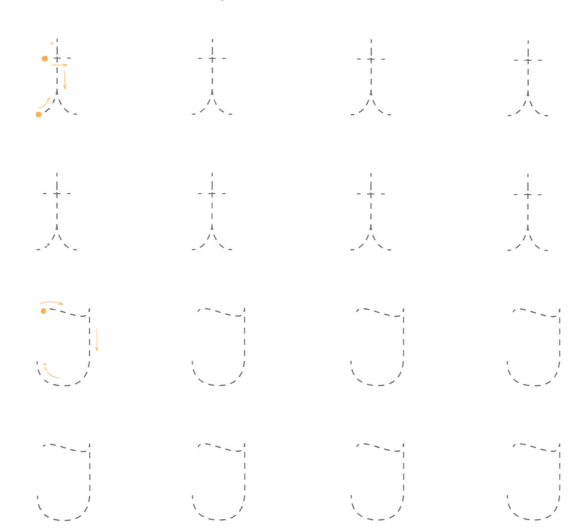

🚩 Observe a junção das letras, cubra as sílabas formadas e copie-as.

t + a = ta _____

t + e = te _____

t + i = ti _____

t + o = to _____

t + u = tu _____

🚩 Agora, cubra o tracejado e copie em seguida as sílabas formadas.

Ta   Te   Ti   To   Tu

_____

🚩 Sublinhe em cada quadro as palavras que começam com a sílaba indicada.

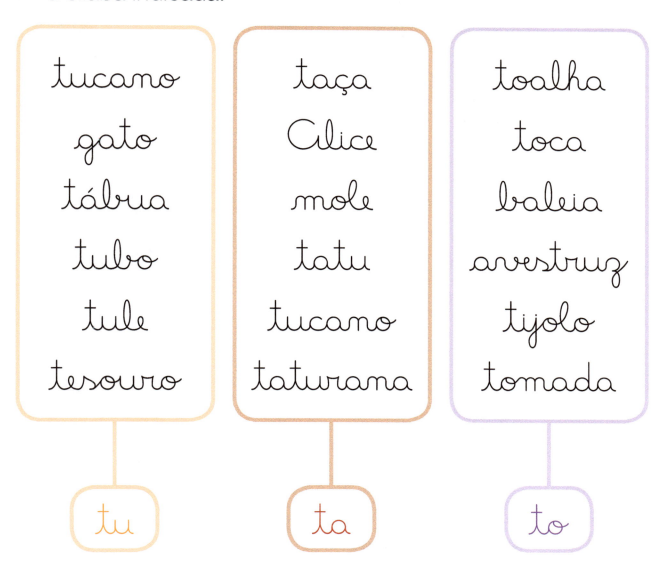

🚩 Agora, copie as palavras que você sublinhou em cada quadro.

🔖 Junte as sílabas e copie as palavras formadas.

ta → co
　 → lo
　 → pa
_____

te → ia
　 → ma
　 → la
_____

ti → gre
　 → jolo
　 → tio
_____

to → ca
　 → lo
　 → po
_____

tu → ba
　 → lipa
　 → tor
_____

80

Letra v - V

🚩 Cubra as letras tracejadas.

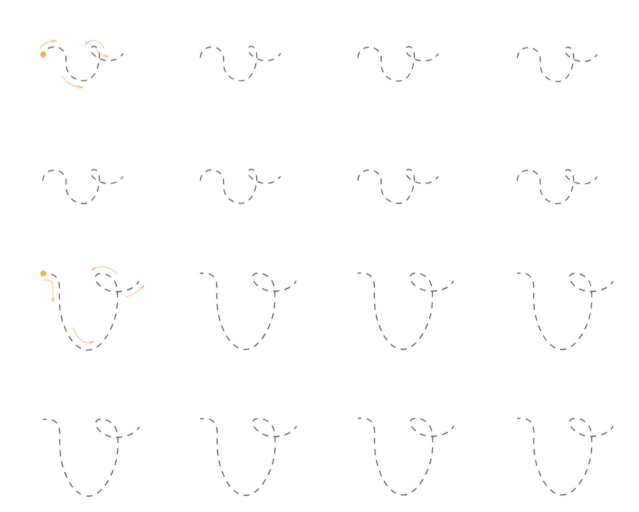

🔖 Observe a junção das letras, cubra as sílabas formadas e copie-as.

v + a = va _____

v + e = ve _____

v + i = vi _____

v + o = vo _____

v + u = vu _____

🔖 Agora, cubra o tracejado e copie em seguida as sílabas formadas.

🔖 Circule as palavras que começam com a letra v.

neve   vovô   vaca   novo

vida   você   pente   avestruz

viola   bala   vila   voto

verde   lixo   cama   varal

🔖 Observe a cena e marque um **X** nas figuras cujo nome começa com a letra v.

Copie as frases substituindo as figuras por palavras.

Vítor tirou 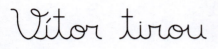 da .

___

Vanessa visitou seu .

___

Vou fazer aulas de .

___

O jantar foi à luz de .

___

Nunca visitei um .

___

Ela escolheu um vermelho.

___

Letra w – W

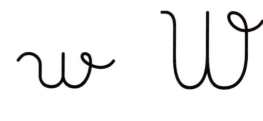

🔖 Cubra as letras tracejadas.

🔖 Ligue as palavras iguais.

Wesley   walkie-talkie
windsurfe   Wesley
Wilma   Wilma
walkie-talkie   windsurfe

Letra x - X

🔖 Cubra as letras tracejadas.

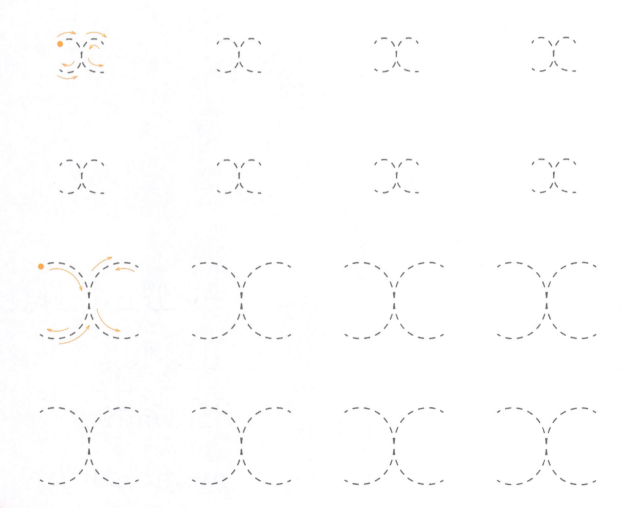

🔖 Observe a junção das letras, cubra as sílabas formadas e copie-as.

x + a = xa _____

x + e = xe _____

x + i = xi _____

x + o = xo _____

x + u = xu _____

🔖 Agora, cubra o tracejado e copie em seguida as sílabas formadas.

_____

🔖 Pinte os quadros com palavras que começam com *xa*, *xe*, *xi*, *xo* ou *xu*.

xerife	xampu	xereta
xícara	figo	xodó
xarope	roxo	mala

🔖 Ligue cada figura ao nome correspondente a ela.

Complete as palavras com a letra inicial e preencha o diagrama com o nome das imagens.

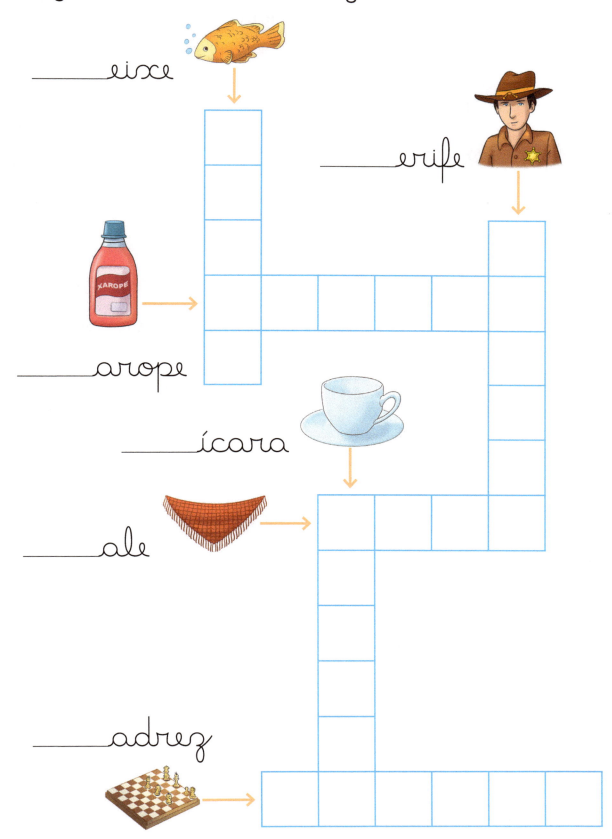

____eixe

____erife

____arope

____ícara

____ale

____adrez

Que tal fazer um bolo de banana?

🔖 Pinte todas as palavras com a letra *x* que encontrar na receita.

Ingredientes:
- *1 xícara de leite;*
- *2 xícaras de açúcar;*
- *3 ovos;*
- *7 bananas picadas;*
- *2 xícaras de farinha de trigo;*
- *1 colher de sopa de fermento em pó.*

🔖 Copie abaixo as palavras que você pintou.

_____

🔖 Agora, desenhe um bolo de banana bem saboroso.

Letra y - Y

y Y

🔖 Cubra as letras tracejadas.

🔖 Ligue a figura à palavra correspondente a ela.

Yago
yakisoba
Yakult
Yasmin

Letra z - z

🔖 Cubra as letras tracejadas.

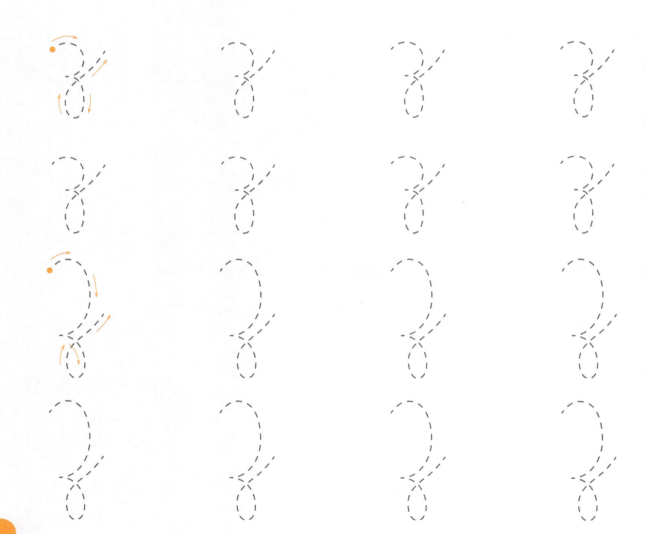

🔖 Observe a junção das letras, cubra as sílabas formadas e copie-as.

ɜ + a = ɜa _____

ɜ + e = ɜe _____

ɜ + i = ɜi _____

ɜ + o = ɜo _____

ɜ + u = ɜu _____

🔖 Agora, cubra o tracejado e copie em seguida as sílabas formadas.

🚩 Cante a cantiga e circule nela todas as palavras com *z* que encontrar.

Os trenzinhos

Lá na estação
Bem de manhãzinha
Vejo os trenzinhos
Bem enfileirados
E o maquinista
Tocando a manivela
Piuí, piuí, lá se vão.

Cantiga.

PIUÍÍÍÍÍÍ

🚩 Complete os espaços com *za, ze, zi, zo* ou *zu* para formar as palavras.

____leica

____ológico

____́per

____bumba

____ro

____bu

Revisão

🔖 Complete o nome das figuras.

Alfabeto

🔖 Copie o alfabeto minúsculo nas linhas e cubra os tracejados para formar palavras.

a — _____ _____ _____ _____ anel

b — _____ _____ _____ _____ bolo

c — _____ _____ _____ _____ carro

d — _____ _____ _____ _____ dedo

e — _____ _____ _____ _____ escola

f — _____ _____ _____ _____ fogo

g	gato
h	horta
i	ilha
j	jarra
k	kiwi
l	lago
m	mel
n	navio
o	olho
p	pato

q	quarto
r	rato
s	sacola
t	tatu
u	urso
v	vaca
w	waffle
x	xadrez
y	yakisoba
z	zangão

🔖 Ligue os pontos seguindo a ordem alfabética. Depois, pinte a figura formada.

🔖 Copie o alfabeto maiúsculo nas linhas e cubra os tracejados para formar nomes próprios.

A	_____	Ana
B	_____	Bento
C	_____	Carla
D	_____	Davi
E	_____	Eloísa
F	_____	Fábio

G	_____ _____ _____ _____	Glauce
H	_____ _____ _____ _____	Hélio
I	_____ _____ _____ _____	Ivete
J	_____ _____ _____ _____	Jairo
K	_____ _____ _____ _____	Kátia
L	_____ _____ _____ _____	Luís
M	_____ _____ _____ _____	Mônica
N	_____ _____ _____ _____	Nícolas
O	_____ _____ _____ _____	Olívia
P	_____ _____ _____ _____	Paulo

Q	_____	Quitéria
R	_____	Renato
S	_____	Sueli
T	_____	Tadeu
U	_____	Úrsula
V	_____	Vicente
W	_____	Wilma
X	_____	Xavier
Y	_____	Yara
Z	_____	Zacarias

Leitura

🔖 Agora que você já sabe o alfabeto e a família silábica, junte as sílabas e leia as frases.

a) O a-mel é de A-li-ce.

b) O be-bê cho-ra mui-to.

c) O ca-qui é u-ma fru-ta do-ce.

d) Do-ra que-brou o de-do.

e) O es-qui-lo es-tá as-sus-ta-do.

f) A fa-da é fo-fa.

g) O ga-to be-be lei-te.

h) Hé-lio es-tá na hor-ta.

i) O ín-dio é va-len-te.

j) A ja-ca ca-iu do pé.

k) O kiwi es-tá ma-du-ro.

l) A la-ta es-tá a-mas-sa-da.

m) A ma-la es-tá pe-sa-da.

n) Ni-no vê nu-vens no céu.

o) Os ó-cu-los são de O-to.

p) A pi-pa é a-ma-re-la e a-zul.

q) O quei-jo é gos-to-so.

r) O ra-to é um ro-e-dor.

s) O so-fá es-tá su-jo.

t) O ti-gre é fe-roz.

u) Os ur-sos gos-tam de mel.

v) O vi-o-lão é no-vo.

w) Co-mi waffle com mo-ran-go.

x) Eu sei to-car xi-lo-fo-ne.

y) Yuri foi pa-ra a prai-a.

z) A ze-bra es-tá zon-za.

Leia corretamente.

Amanda come abacaxi.
O abacaxi é doce.

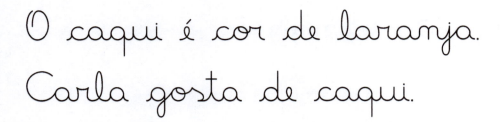

O bolo é bom.
Bruno comeu o bolo.

O caqui é cor de laranja.
Carla gosta de caqui.

Dudu tem um dado.
O dado caiu.

Elisa gosta de olhar as aves.
A ema é uma ave.

A formiga carrega folhas.
Felipe tem medo de formigas.

O gato brinca com a lã.
Gabriela tem um gato.

A horta é do Horácio.
Na horta há verduras.

A ilha é um paraíso.
Iara foi à ilha.

Júlio cuida do jardim.
No jardim tem jasmim.

Kátia andou de kart.
Ela adora carros.

O livro é de Leandro.
Leandro adora ler livros.

A meia está furada.
A meia é de Mariana.

Naldo vê o navio.
O navio é enorme.

O omelete é feito de ovo.
Olga come o omelete.

O pato nada no lago.
Paulo vê o pato nadar.

O quiabo está quente.
Quitéria queimou a boca.

O rato roeu a roupa.
Raul pegou o rato.

O sapo pula na lagoa.
Sabrina fugiu do sapo.

O tatu vive na toca.
Tiago procura o tatu.

O urso Ulisses é peludo.
Ele gosta de comer mel.

A vaca come capim.
Vanessa adora leite de vaca.

Wagner foi à praia.
Ele pratica windsurfe.

Xavier toma xarope.
O xarope é para tosse.

Yara almoçou ao meio-dia.
Ela comeu yakisoba.

Zeca tem um zebu.
O zebu é forte e valente.

Sociedade

Sumário

Coordenação visomotora 113
Quem sou eu? 117
A família............................121
A casa 126
A escola 131
As profissões......................136
Os meios de comunicação 140
Os meios de transporte 145
O trânsito..........................150

Datas comemorativas
Carnaval 155
Páscoa 156
Dia do Índio 157
Dia das Mães 159
Festas Juninas 161
Dia dos Pais 163
Dia do Folclore 165
Dia do Soldado 166
Dia da Pátria 167
Dia da Árvore 168
Dia da Criança 169
Dia do Professor 173
Dia da Bandeira 174
Natal 175

Coordenação visomotora

🔖 Cubra os tracejados para completar a cena e pinte-a de modo que fique bem colorida.

Cubra os tracejados seguindo a direção das setas para ver a chuva caindo.

Pinte com a mesma cor as metades correspondentes.

🔖 Ajude Pamela a encontrar os amigos para brincar. Ligue a menina às outras crianças traçando o caminho sem encostar nos limites.

Quem sou eu?

As pessoas são diferentes umas das outras, mas todas são importantes e têm os mesmos direitos.
Como você é?

🔖 Cole no quadro metade de uma fotografia de seu rosto e desenhe a outra metade dele. Se precisar, use um espelho para observar seu rosto.

🔖 Agora, escreva seu nome completo.

🔵 Circule a mãozinha que representa sua idade.

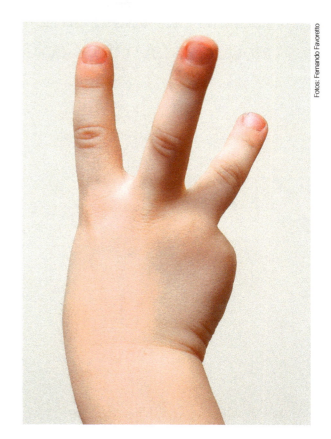
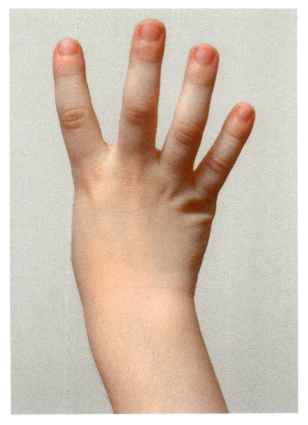
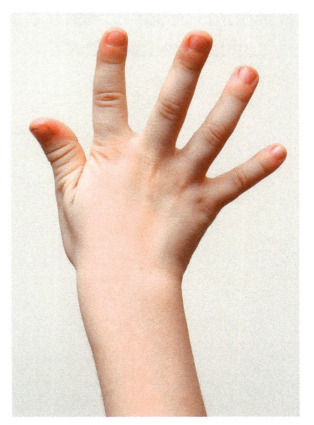

Qual é seu brinquedo ou sua brincadeira preferida?

▸ Recorte de revista uma figura que represente seu brinquedo favorito e cole-a abaixo.

▸ Agora, desenhe você e seus amigos se divertindo com sua brincadeira favorita.

A família

As famílias não são todas iguais: umas são numerosas e outras são bem pequenas. Pais e filhos costumam morar na mesma casa, mas em alguns casos os pais moram em casas separadas ou as crianças moram com os avós.

🔖 Como é sua família? Conte aos colegas e ao professor.

🔖 Cole uma fotografia de sua família ou represente-a com um desenho.

🔖 Quantas pessoas moram em sua casa? Com a ajuda do professor, escreva o nome delas.

_____

_____

🔖 Cante a música e circule nela as palavras que representam pessoas que podem fazer parte de uma família.

Corre cutia

Corre cutia, na casa da tia
Corre cipó, na casa da vó
Lencinho na mão, caiu no chão
Moça bonita do meu coração.

Cantiga.

🔖 Pinte os quadros que indicam pessoas que fazem parte de sua família.

| papai | mamãe | irmão | irmã |

| avô | avó | titio | titia |

| primo | prima | padrasto | madrasta |

| meio-irmão | meia-irmã | bisavós | sobrinhos |

É importante ajudar a família nas tarefas de casa.
- Faça desenhos para representar as pessoas da família que realizam as atividades a seguir.

Quem trabalha?	Quem estuda?
Quem faz a comida?	**Quem guarda os brinquedos?**

Marque um **X** no quadrinho da cena que mostra o que você mais gosta de fazer com sua família nas horas de lazer.

A casa

Todas as pessoas precisam de uma moradia para viver. Nela, nos protegemos do sol, da chuva, do calor e do frio.

Há muitos tipos diferentes de moradia: casas grandes, pequenas, térreas, sobrados, com quintal, com garagem, edifícios altos, edifícios baixos, cabanas de madeira, de pau a pique, palafitas, ocas etc.

🚩 Desenhe e pinte sua casa.

🔖 Ligue cada criança a sua moradia de acordo com as dicas.

Minha casa é feita de folhas secas de árvore.

Minha casa é feita de tijolos e é térrea.

Eu moro em um prédio residencial.

Moro em uma casa feita de madeira e barro.

🚩 Pinte os quadros de acordo com a legenda para indicar os cômodos da casa.

 banheiro   cozinha   quarto   sala

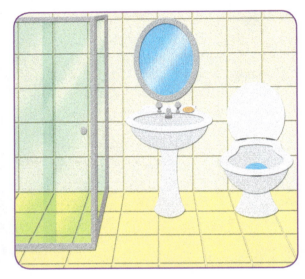

🔖 Marque um **X** nos quadrinhos dos objetos que pertencem à cozinha de sua casa.

Encontre e circule cinco diferenças entre as cenas a seguir.

A escola

Na escola aprendemos muitas coisas e fazemos muitos amigos. Há escolas grandes e pequenas, localizadas na zona rural ou na zona urbana.

🚩 Veja algumas escolas.

🚩 Qual dessas escolas se parece mais com a sua? Responda oralmente.

Desenhe o que você mais gosta de fazer na escola com os colegas.

Bom dia, amiguinho,
Como vai?
E a nossa amizade,
Como vai?
Faremos o possível
Para sermos bons amigos.
Bom dia, amiguinho,
Como vai?

Cantiga.

🔖 Faça a correspondência entre o objeto e o ambiente em que ele está sendo utilizado.

Em uma escola trabalham muitas pessoas, e todas elas são importantes para seu funcionamento.

🔖 Com a ajuda do professor, leia o que cada profissional faz e relacione-os com a legenda.

1 professora

2 merendeiro

3 diretora

4 servente

☐ Cuida da organização geral da escola.

☐ Prepara as aulas e ensina a matéria aos alunos.

☐ Mantém a escola limpa e arrumada.

☐ Prepara os alimentos para os alunos comerem no recreio.

🔖 Observe o caminho de sua casa até a escola e desenhe no quadro os lugares e objetos que chamaram sua atenção durante o trajeto.

As profissões

O trabalho especializado que as pessoas realizam chama-se **profissão**.

Todas as profissões são importantes para a sociedade.

🔖 Leia o texto e represente com um desenho o trabalho do profissional citado.

Tum, tum, tum
Quem bate aí?
Sou eu, minha senhora,
O pintor de Jundiaí.

Pode entrar
E se sentar
Conforme as pinturas
Nós iremos conversar.

Lá em cima
Quero tudo bem pintado.
Só para as mocinhas
Do sapato envernizado. [...]

Cantiga.

🔖 Marque um **X** no quadrinho do nome de cada profissão representada nas cenas.

☐ policial ☐ médico ☐ operadora de caixa ☐ dentista

☐ advogada ☐ enfermeira ☐ bombeiro ☐ taxista

☐ professor ☐ carteiro ☐ cabeleireira ☐ engenheira

🔖 Ligue os profissionais aos objetos que utilizam em seu trabalho.

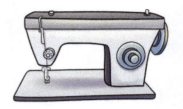

🔖 **Desenhe no quadro um profissional que você admira ou cuja profissão você gostaria de exercer quando crescer.**

Os meios de comunicação

Quando queremos nos comunicar, falar ou conversar com um familiar ou uma pessoa que está distante, usamos os **meios de comunicação**.

- Pinte somente os objetos usados para nos comunicarmos com outras pessoas.

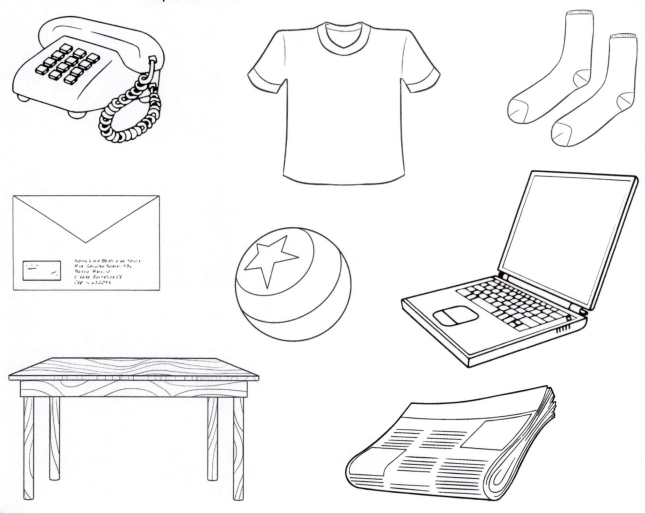

Observe os meios de comunicação representados e faça uma ● no que é mais utilizado em sua casa.

Jornal.

Revista.

Carta.

Celular.

Telefone.

Tablet.

Televisão.

Notebook.

Rádio.

▶ Os meios de comunicação estão por toda parte. Circule todos que encontrar na cena.

▸ Recorte de jornais e revistas figuras de meios de comunicação e cole-as de acordo com as indicações a seguir.

Para ouvir notícias, usamos...	Para ler notícias, usamos...

Para ver e ouvir notícias, usamos...

Os meios de transporte

Para nos deslocarmos de um lugar a outro ou transportarmos mercadorias, podemos utilizar os **meios de transporte**.

▸ Desenhe abaixo o meio de transporte mais usado por você ou por alguém de sua família.

Os meios de transporte podem ser:
- terrestres – locomovem-se na terra;
- aéreos – locomovem-se no ar;
- aquáticos – locomovem-se na água.

▸ Pinte as figuras de acordo com a legenda.

🟥 terrestre 🟦 aéreo 🟨 aquático

■ Recorte as figuras de meios de transporte que estão no final da página e cole-as no lugar correto.

Transporte aéreo	Transporte aquático

Transporte terrestre

Pinte o meio de transporte que você usa para vir à escola e, depois, para voltar para casa.

O trânsito

Trânsito é o movimento de pessoas e veículos pelas ruas, avenidas e estradas.

Ele é organizado por regras e sinais que devem ser obedecidos para evitar acidentes.

🔖 Veja alguns sinais de trânsito.

🚩 Ligue cada indicação à cor correspondente dos semáforos.

Os veículos devem reduzir a velocidade.

Os veículos devem parar.

Os veículos devem andar.

Os pedestres devem parar.

Os pedestres podem atravessar.

🚩 Ligue cada placa ao que elas indicam.

Proibido estacionar.

Velocidade máxima 50 km/h.

Lombada.

Proibido buzinar.

Brinque de **jogo do trânsito** com um colega. Vocês precisarão de um dado e de duas tampinhas para representar os carros. Para jogar, basta avançar as casas, de acordo com o número sorteado no dado.

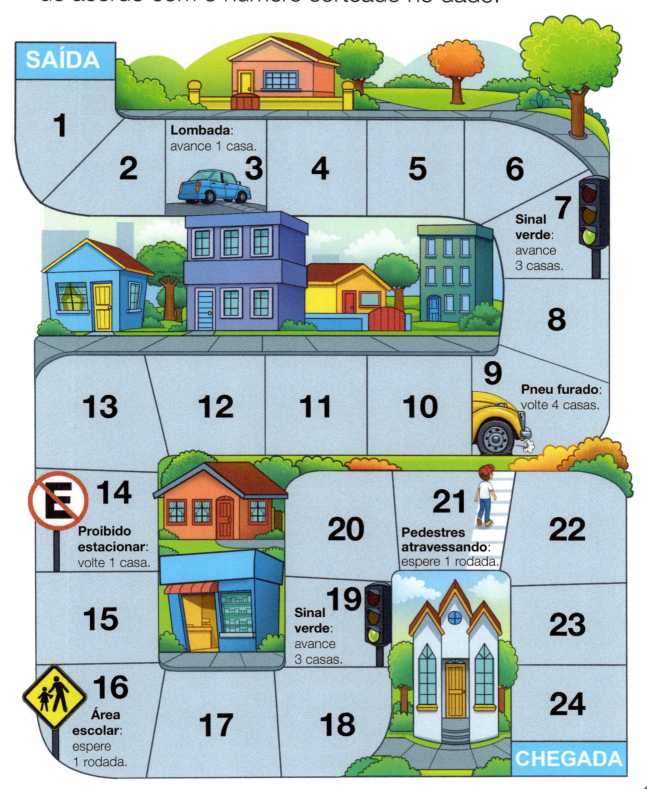

Carnaval

O Carnaval é uma das manifestações mais populares do Brasil. Adultos e crianças se fantasiam e se divertem dançando e cantando.

▸ Pinte a fantasia que você gostaria de usar no Carnaval.

Páscoa

A Páscoa é uma festa religiosa na qual os cristãos comemoram a vida nova de Jesus Cristo.

O coelho e o ovo representam a fertilidade e a renovação da vida. Eles são símbolos da Páscoa.

🚩 Pinte apenas os ovos que mostram as letras da palavra PÁSCOA. Depois, pinte o coelho.

Dia do Índio – 19 de abril

No dia 19 de abril comemoramos o Dia do Índio.

Os indígenas foram os primeiros habitantes do Brasil. Eles viviam em aldeias, moravam em ocas ou palafitas e caçavam e pescavam para se alimentar. Atualmente, muitos vivem em reservas, mas há aqueles que moram e trabalham nas grandes cidades.

- Recorte as peças do quebra-cabeça e brinque com os colegas.

Dia das Mães – 2º domingo de maio

Que tal homenagear a mamãe ou a pessoa que cuida de você?

🚩 Enfeite o buquê de flores, recorte-o no tracejado e entregue-o a sua mãe ou à pessoa que cuida de você.

Agradeço pelo carinho, amor e atenção. Parabéns pelo seu dia, mamãe!

Festas Juninas

As Festas Juninas fazem parte das tradições populares de nosso país. Elas homenageiam três santos católicos: Santo Antônio, São João e São Pedro.

🔖 Leia o poema e descubra algumas características dessas festas. Depois, pinte as figuras.

Festa Junina

Quentão, pipoca, amendoim.
Maria dançará a quadrilha
Com o compadre Joaquim,
Vestida de chita e mantilha.

Milho assado e pamonha.
Pra comigo alegre dançar,
Deixe de lado a vergonha
Venha logo me abraçar!

Pé de moleque e cocada.
Vamos muito nos divertir.
Convide toda a moçada,
Vamos cantar e sorrir.
[...]

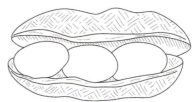

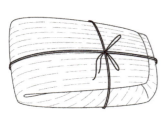
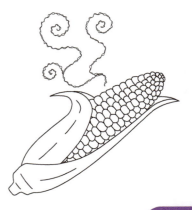

Verluci Almeida. Disponível em: <www.recantodasletras.com.br/poesiascomemorativas/539314>. Acesso em: mar. 2017.

🔖 Continue pintando as bandeirinhas de festa junina de acordo com a sequência de cores.

Dia dos Pais – 2º domingo de agosto

Que tal homenagear o papai ou a pessoa que cuida de você?

🔖 Desenhe no porta-retratos um momento inesquecível que você passou com seu pai ou com a pessoa que cuida de você. Depois, recorte-o no tracejado e entregue-o a ele.

Agradeço pelo carinho, amor e atenção.
Parabéns pelo seu dia, papai!

Dia do Folclore – 22 de agosto

As lendas, crendices e danças do folclore brasileiro são passadas de geração a geração.

🔖 Observe a cena, encontre três personagens do folclore brasileiro e circule-os.

Dia do Soldado – 25 de agosto

O soldado defende nossa pátria.

Marcha soldado,
Cabeça de papel
Quem não marchar direito
Vai preso pro quartel.

Cantiga.

🚩 Pinte o soldado que não está marchando como os outros.

Dia da Pátria – 7 de setembro

No dia 7 de setembro de 1822, D. Pedro I proclamou a Independência do Brasil às margens do Riacho do Ipiranga. Por isso, nessa data, comemoramos o Dia da Pátria.

🔖 Pinte o desenho. O menino imita D. Pedro I na proclamação da Independência do Brasil.

Independência ou morte!

Dia da Árvore – 21 de setembro

As árvores são fonte de vida.

O Dia da Árvore é muito importante para refletirmos sobre a conservação da natureza e a preservação de nossas matas.

🔖 Ligue os pontos para formar a figura de uma árvore e, depois, pinte-a.

Dia da Criança – 12 de outubro

As crianças têm direito a amor, carinho, lazer, educação, saúde e moradia.

🔖 Recorte o **jogo da memória** e brinque com os colegas.

Dia do Professor – 15 de outubro

Com os professores, aprendemos a ler, escrever, contar e descobrimos um montão de coisas importantes para nossa vida.

🚩 Desenhe e pinte seu professor dando aulas. Depois, mostre-lhe seu trabalho.

Dia da Bandeira – 19 de novembro

A Bandeira Nacional deve ser muito respeitada, pois representa nossa pátria.

🚩 Ligue cada parte da Bandeira Nacional ao que ela representa.

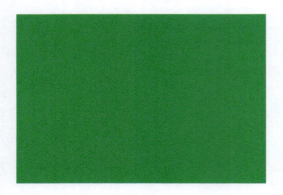

Natal – 25 de dezembro

O Natal é o dia em que os cristãos festejam o nascimento de Jesus Cristo. É uma data que simboliza a paz, a alegria e o amor.

🔖 Pinte as figuras que, para você, simbolizam o Natal.

🔖 Cubra os pontilhados com as cores indicadas. Depois, pinte a imagem.